Back-to-School
Hebrew Reading Refresher

Roberta Osser Baum

Behrman House, Inc.

Illustrator: Felix Braslavsky
Cover and Book Design: Irving S. Berman
Electronic Composition and Page Production: 21st Century Publishing and Communications
Project Editor: Terry S. Kaye

LETTER REVIEW

אָלֶף בֵּית *Name Game*

Here are the letters of the אָלֶף בֵּית in alphabetical order.
Say the name of each letter and its sound.

א בּ ב ג ד ה ו ז ח ט י כּ כ ךְ ל מ ם

נ ן ס ע פּ פ ף צ ץ ק ר שׁ שׂ תּ ת

SOUND-ALIKE LETTERS

Draw a line to match each letter with its sound-alike.
What sound does each pair make?

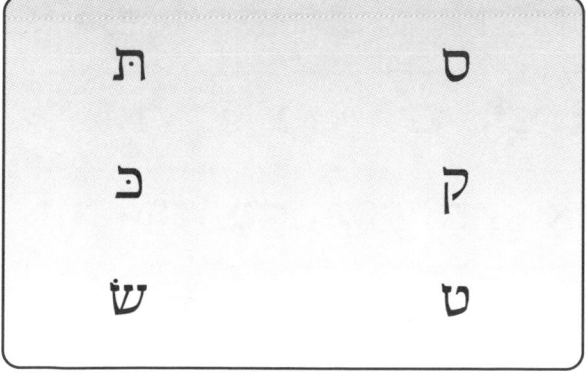

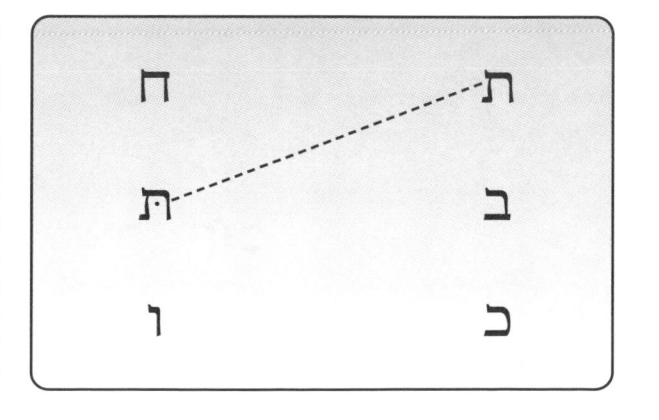

ת	ח
ב	ת
כ	ו

ס	ת
ק	כּ
ט	שׂ

In what way do these two letters sound similar? א ע

VOWEL REVIEW

Stretch Across — Stretch Down

Read lines 1-6. Read columns A-D.

D	C	B	A	
אֵי	אֵ	אִי	אִ	1
אוֹ	אֹ	אָ	אַ	2
אֱ	אֶ	אוּ	אֶ	3
אֵ	אוּ	אְ	אֹ	4
אֱ	אָי	אִ	אָ	5
אוֹ	אֲ	אֶ	אֵי	6

LETTER-VOWEL REVIEW

Count off 1-2-1-2 and so on around the room.

All 1's read the odd number lines together.

All 2's read the even number lines together.

Everyone read lines 1-5 together.

1 צְ פַ דֵ סוֹ נְ קֶ אֲ נִי

2 הֵי אֱ לִי מֵ יָ בוּ שָׁי גֹ

3 דוּר זֶה סַח שָׁר חַת אַשׁ צוּר תּוּב

4 תַחֲ בוּרְ כּוֹתֶ אֱמֶ בְּבוֹ מִפַּ יַעֲ שָׁנוּ

5 לִפְ דִבְ חֶלְ בָּרְ מִצְ קִדְ כָּתְ שָׁמְ

FINAL LETTER REVIEW

Five letters change their form when they appear at the end of a word.

מ-ם צ-ץ נ-ן פ-ף כ-ך

Connect each letter with its final letter. What sound does each pair make?

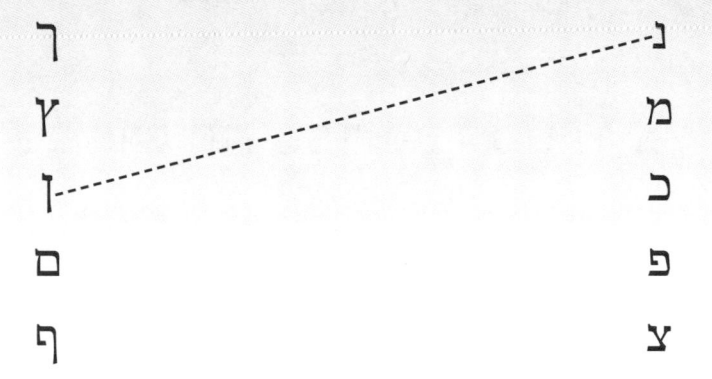

נ	ך
מ	ץ
כ	ן
פ	ם
צ	ף

READING PRACTICE

Read the final word-parts.

1	חֶם	לָם	מִים	יוֹם	שׁוּם	כִּים
2	זוֹן	תֵּן	בִּין	צוֹן	חַן	יוֹן
3	סוֹף	לֶף	כַּף	חוֹף	שָׁף	דוּף
4	מִיץ	עֵץ	רַץ	לִיץ	פֵּץ	צוּץ
5	דֵךְ	בְּךְ	נֵיךְ	רוּךְ	לֵךְ	פֵּךְ

SOUNDS LIKE ENGLISH!

Read the letter-vowel combinations to hear an English word.

1	גֵים	לִיף	פֶּץ	תֶּן	סֶץ	רוּף
2	מוּן	בִּיף	שֵׁים	תִּים	פָּץ	שֵׁן

5

FAMILY LETTERS

A Family Tree

The אָלֶף בֵּית seems to have 32 letters.

It really has only 22 letters. Some letters are members of letter families.

What are the names of the letters in each family?

What sound does each letter make?

בּב שׁשׂ תּת כּכך פּפף מם נן צץ

בּ and ב

Read the word-parts on lines 1-3.

1 בּ בֵּ בֵּי בַ בּוֹ בָ בוּ בְּ בֶ

2 בִּי בֵי בִי בֹּ בּוּ בֶ בֶ בָּ בְ

3 בֵּין אֲבוֹ בֵּית הֵבָה בָּרִים בָּרוּ בִּיעִי

כּ and כ

Read the word-parts on lines 1-3.

1 כוֹ כִי כֵּ כָ כֶּ כֶ כֹ כְּ

2 כַ כּוּ כֶ כְ כֶּ כֵי כִּי כָ

3 כֶר כָּרוֹ כֶם כֶלוּ כֹּל כַל כּוֹן

שׁ and שׂ

Write the correct sound inside each circle.

(sh) ש	ש	ש	ש	ש

Read the word-parts on lines 1-3.

1	שֶׁ	שׁוֹ	שִׁ	שֶׁ	שׁוַ	שַׁר	אֲשֶׁ
2	שׂוּ	שֵׂ	שָׂ	שֶׂ	שֵׂיךְ	מִשְׂ	עֲשֵׂי
3	שֶׁ	שִׁי	שַׁ	שְׁ	עָשְׂ	תִּשֶׁ	שִׁירֵי

READING PRACTICE

Read the word-parts on each line. Then read the phrase at the end of the line.

1	שִׂים	שָׁ	לוֹם		שִׂים שָׁלוֹם
2	שִׂמְ	חַת	תּוֹ	רָה	שִׂמְחַת תּוֹרָה
3	שַׁ	בָּת	שָׁ	לוֹם	שַׁבָּת שָׁלוֹם
4	בְּנֵי	יִשְׂ	רָ	אֵל	בְּנֵי יִשְׂרָאֵל
5	שַׁ	בָּת	שׁוּ	בָה	שַׁבָּת שׁוּבָה

SHABBAT GREETING

Which phrase do we say when we greet each other on שַׁבָּת?

READ AND READ AGAIN

Read phrases 1-8.

1 שָׁלוֹם רָב

2 עֹשֶׂה שָׁלוֹם

3 שְׁמַע יִשְׂרָאֵל

4 שָׁלוֹם עֲלֵיכֶם

5 אֲשֶׁר עָשָׂה

6 וְחַיִּים וְשָׁלוֹם

7 תָּשִׂים לְעוֹלָם

8 אַתָּה קָדוֹשׁ וְשִׁמְךָ קָדוֹשׁ

WRITING REVIEW

Write each letter.

א בּ ב ג ד ה ו ז ח

ט י כּ כ ך ל מ ם

נ ן ס ע פּ פ ף צ ץ

ק ר שׁ שׂ תּ ת

Now write the Hebrew phrase אָלֶף בֵּית. ______

SOUND-ALIKE LETTERS

What is the saying sound of שׁ and ס?

Circle the sound that is different in each line below.

Read the sounds that are the same.

1	שֵׁ	שֵׂ (circled)	סֵ
2	שׁוּ	שֻׁ	סוּ
3	שׁוֹ	סֹ	שׁוֹ
4	שִׁי	שִׁ	סִי
5	סַ	שָׁ	שַׁ
6	שֶׁ	סֶ	שֶׁ

Now make the word-parts into words.

1	סֻ	כּוֹת	סֻכּוֹת
2	שָׂ	שׂוֹן	שָׂשׂוֹן
3	סִ	דּוּר	סִדּוּר
4	שִׂמְ	חַת	שִׂמְחַת
5	סְבִי	בוֹן	סְבִיבוֹן
6	שְׂמֵ	חִים	שְׂמֵחִים

VOCABULARY REVIEW

Connect the word to its English meaning.

Rejoicing of the Torah	סֻכּוֹת
prayerbook	שִׂמְחַת תּוֹרָה
harvest holiday	סִדּוּר

READING PRACTICE

Read each word-part. Read the complete word.

לַעֲשׂוֹת	שׂוֹת	לַעֲ	5	סֵפֶר	פֶּר	סֵ	1
כַּרְפַּס	פַּס	כַּר	6	עוֹשֶׂה	שֶׂה	עוֹ	2
בְּשָׂמִים	מִים	בְּשָׂ	7	שָׂרָה	רָה	שָׂ	3
סִדְרָה	רָה	סִדְ	8	סִיוָן	וָן	סִי	4

A BLESSING WORD

The word בָּרוּךְ means *blessed* or *praised*.
Each line below contains words similar to בָּרוּךְ.
Read lines 1-3.

בָּרוּךְ בָּרְכֵנוּ וּבְרָכָה	1
בָּרְכוּ מְבָרֵךְ בִּרְכַּת	2
בְּרִיךְ בְּרָכָה בְּרָכוֹת	3

Five phrases below contain a word similar to בָּרוּךְ.
Read each phrase. Circle the word similar to בָּרוּךְ.

בָּרְכֵנוּ אָבִינוּ	4	בָּרוּךְ אַתָּה יְיָ	1
שָׁלוֹם וּבְרָכָה	5	בָּרְכוּ אֶת יְיָ	2
שֶׁבַע בְּרָכוֹת	6	בִּרְכַּת הַמָזוֹן	3

A BLESSING
Which phrase above do we say when we begin a blessing?

10

RHYTHM READING

Read each word-part. Then read the complete word.

1	פֶּ	לֶא	פֶּלֶא
2	עוֹ	שֶׂה	עוֹשֶׂה
3	הַ	זֶה	הַזֶּה
4	בָּ	רָא	בָּרָא
5	שׁוֹ	פָר	שׁוֹפָר
6	דִּבְ	רֵי	דִּבְרֵי
7	לִפְ	נֵי	לִפְנֵי
8	חַסְ	דֵי	חַסְדֵי
9	אֱלֹ	הֵינוּ	אֱלֹהֵינוּ
10	וְצִ	וָּנוּ	וְצִוָּנוּ

READING PRACTICE

Read each word-part. Read the complete word.

1	תּוֹ	רָה	תּוֹרָה
2	מֶ	לֶךְ	מֶלֶךְ
3	אֲ	דוֹן	אֲדוֹן
4	קִ	דּוּשׁ	קִדּוּשׁ
5	עוֹ	לָם	עוֹלָם
6	בִּרְ	כַּת	בִּרְכַּת
7	כָּמֹ	כָה	כָּמֹכָה
8	יִשְׂ	רָאֵל	יִשְׂרָאֵל

VOCABULARY REVIEW

Connect the word to its English meaning.

Torah	שָׁלוֹם
Kiddush	תּוֹרָה
peace	יִשְׂרָאֵל
Israel	קִדּוּשׁ

SOUND-ALIKE LETTERS

Throat Exercises

What is the saying sound of ח, כ, and ך?

Circle the sound that is different in each line below.

Read the sounds that are the same.

1	כוֹ	ח	(כּוֹ)
2	כוֹ	חָ	כוּ
3	חִ	תִ	כִ
4	חֲ	קַ	ךְ
5	הֱ	חֱ	כֶ
6	כֵ	חֵ	כֵּ

Practice reading the word-parts on lines 1-2.

1 כִי חֲ חוֹ ךְ כוּ חֶ כֵי חָ

2 חֲרֵי לוֹךְ כֶלֶת תֶךְ חוֹת נֶיךְ כֵנוּ

Now make the word-parts into words.

1	יוֹ	דוּךְ	יוֹדוּךְ
2	חַ	יִּים	חַיִּים
3	עֵי	נֶיךְ	עֵינֶיךְ
4	דַרְ	כֵי	דַרְכֵי
5	כִּכְ	לוֹת	כִּכְלוֹת
6	חֶלְ	קֵנוּ	חֶלְקֵנוּ
7	בַדֶ	רֶךְ	בַדֶרֶךְ
8	בָּרְ	כֵנוּ	בָּרְכֵנוּ

FINAL LETTER REVIEW

Say the name of the final letter aloud.

Then read the two lines which follow the final letter.

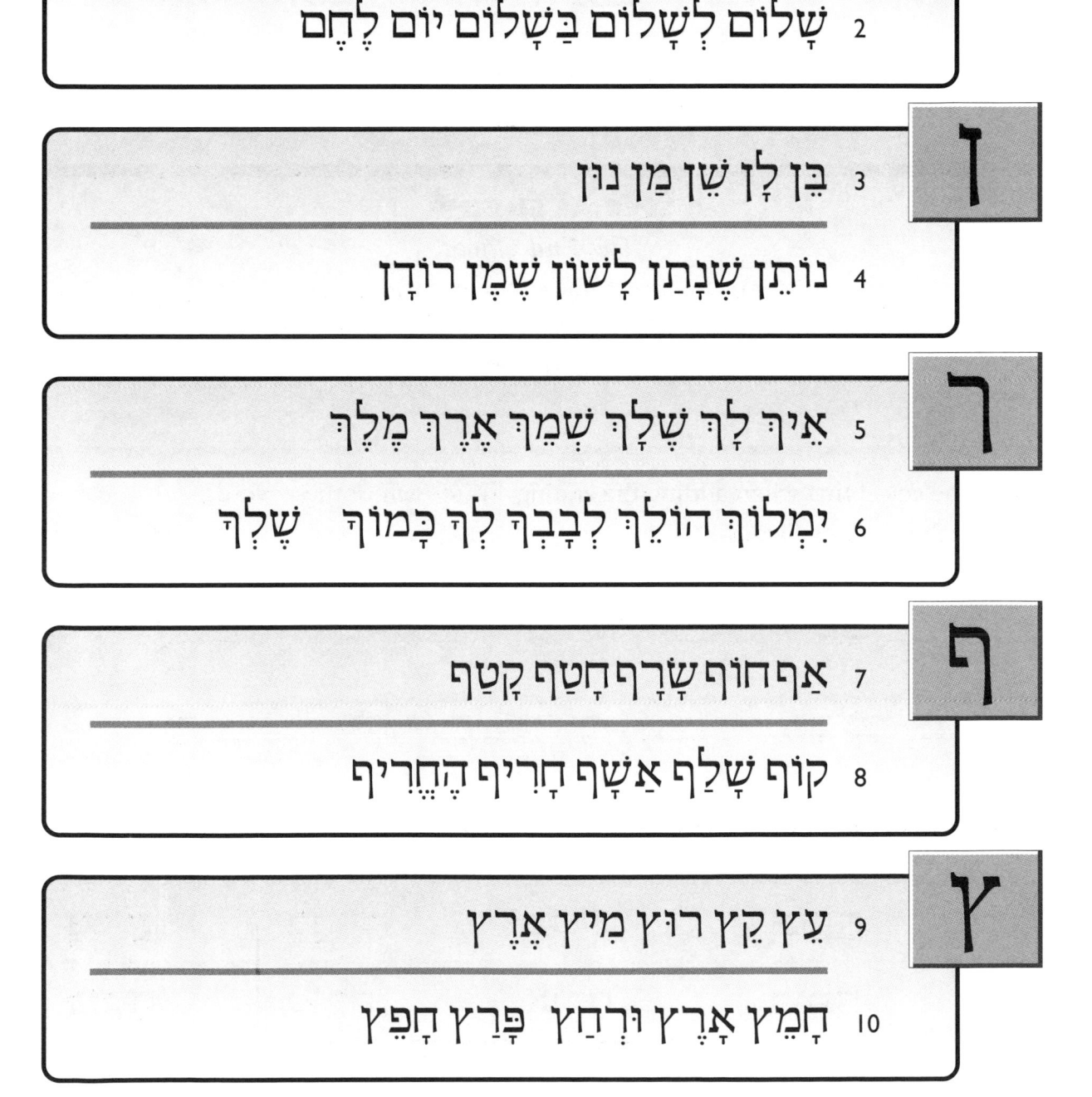

ם

1 תַּם רָם שָׁם דָּם לוֹם

2 שָׁלוֹם לְשָׁלוֹם בַּשָּׁלוֹם יוֹם לֶחֶם

ן

3 בֵּן לָן שֵׁן מַן נוּן

4 נוֹתֵן שֶׁנָּתַן לָשׁוֹן שֶׁמֶן רוֹדָן

ך

5 אֵיךְ לָךְ שֶׁלָּךְ שִׁמְךָ אֶרֶךְ מֶלֶךְ

6 יִמְלוֹךְ הוֹלֵךְ לְבָבְךָ לְךָ כָּמוֹךָ שֶׁלְּךָ

ף

7 אַף חוֹף שָׂרָף חָטַף קָטַף

8 קוֹף שָׁלַף אַשָּׁף חָרִיף הֶחֱרִיף

ץ

9 עֵץ קֵץ רוּץ מִיץ אֶרֶץ

10 חָמֵץ אָרֶץ וּרְחַץ פָּרַץ חָפֵץ

LOOK-ALIKE LETTERS: ה ח ת

Read lines 1-4.

1 הֶ חִי הֵ תָ חֵ תְ הוּ חֶ

2 חוּת תָם הוּא תִיל תַח הָיָ הֶחֱ

3 חַג וְטַהֵר הַשַׁבָּת רוּחִי אֶתְכֶם חַסְדוֹ

4 חֶסֶד אוֹתוֹ הָיוּ אֶחָד הַלַחְמִי תּוֹרַת

A SPECIAL ENDING חַ

The End Game

When this letter-vowel combination comes at the end of a word the vowel is read first.

ACH = חַ

Write the vowel first when adding the ending חַ to each of these words.
Read each completed word.

רוּ ____ מ ____ שׁוֹלֵ ____ שַׁבֵּ ____

אוֹרֵ ____ לְהָנִי ____ רֵי ____ מְשַׁמֵ ____

Read each row of words. Be careful at the end of each word!

1 נָשִׁיחַ לְהָנִיחַ מָשִׁיחַ וּמֵנִיחַ

2 בּוֹטֵחַ סוֹלֵחַ אוֹרֵחַ פּוֹתֵחַ

A ḤANUKKAH SONG: מָעוֹז צוּר

Read each word in turn. Circle each of these words in the song below.

לְשַׁבֵּחַ נְזַבֵּחַ מַטְבֵּחַ הַמְנַבֵּחַ הַמְזְבֵּחַ

Read each complete line in the song.

Can you sing the song?

1 מָעוֹז צוּר יְשׁוּעָתִי

2 לְךָ נָאֶה לְשַׁבֵּחַ

3 תִּכּוֹן בֵּית תְּפִלָּתִי

4 וְשָׁם תּוֹדָה נְזַבֵּחַ

5 לְעֵת תָּכִין מַטְבֵּחַ

6 מִצָּר הַמְנַבֵּחַ

7 אָז אֶגְמוֹר בְּשִׁיר מִזְמוֹר

8 חֲנֻכַּת הַמִזְבֵּחַ

SOUND-ALIKE LETTERS

What is the saying sound of כּ and ק?

Circle the sound that is different in each line below.

Read the sounds that are the same.

1	כֵּי	(כֵי)	קֵי
2	קָ	כוּ	חָ
3	קֶ	כֶּ	כֵי
4	כֹּ	קוֹ	כֹ
5	בִּי	כִּי	קִי
6	קְ	חְ	כְּ

READING PRACTICE

1	כּוֹרְעִים	4	כְּקֶדֶם	7	שֶׁכָּכָה
2	כַּכָּתוּב	5	צְדָקָה	8	אֶקְרָא
3	חֲנֻכָּה	6	קַבָּלַת	9	מִשְׁכָּן

PRAYER PRACTICE

Read each prayer phrase. Then read the two lines from the prayer עָלֵינוּ.

1	כִּכְלוֹת הַכֹּל	4	חֶלְקֵנוּ כָּהֶם
2	מְקַדֵּשׁ הַשַּׁבָּת	5	מִכָּל הָעַמִּים
3	אֲשֶׁר קִדְּשָׁנוּ	6	עַל כֵּן יְיָ אֱלֹהֵינוּ

עָלֵינוּ

1 שֶׁלֹּא שָׂם חֶלְקֵנוּ כָּהֶם

2 וְגֹרָלֵנוּ כְּכָל הֲמוֹנָם

READING SKILLS

Read each word-part. Then read each complete word.

עַבְדִי	עַבְ דֵי	6		קָדְשׁוֹ	קָדְ שׁוֹ	1
מִנְיָן	מִנְ יָן	7		מַלְכָּה	מַלְ כָּה	2
מִצְוָה	מִצְ וָה	8		לַזְמַן	לַזְ מַן	3
מִצְרַיִם	מִצְרַ יִם	9	הַבְדָּלָה	הַבְ דָּ לָה	4
אֲנַחְנוּ	אֲ נַחְ נוּ	10		הַתִּקְוָה	הַ תִּקְ וָה	5

VOCABULARY REVIEW

Connect the word to its English meaning.

The Hope	הַבְדָּלָה
separation	מִצְוָה
commandment	הַתִּקְוָה

PHRASE PRACTICE

Read the word-parts. Read the phrase.

1	בְּשִׁבְ	תְּךָ	בְּשִׁבְתְּךָ בְּבֵיתֶךָ
2	וּבְלֶכְ	תְּךָ	וּבְלֶכְתְּךָ בַדֶּרֶךְ
3	וּבְשָׁכְ	בְּךָ	וּבְשָׁכְבְּךָ וּבְקוּמֶךָ

A SPECIAL VOWEL

The vowel ָ has the sound AW in the words כָּל and כָל.

Practice reading lines 1 and 2.

1 כָל בְּכָל כָּל מִכָּל

2 וּבְכָל לְכָל וְכָל וּלְכָל

Read the phrases in lines 3 and 4.

3 מְלֹא כָל הָאָרֶץ כְּבוֹדוֹ

4 בְּכָל עֵת וּבְכָל שָׁעָה בִּשְׁלוֹמֶךָ

PRAYER PRACTICE

Read the sentences from the שְׁמַע and וְאָהַבְתָּ.

שְׁמַע יִשְׂרָאֵל יְיָ אֱלֹהֵינוּ יְיָ אֶחָד.

וְאָהַבְתָּ אֵת יְיָ אֱלֹהֶיךָ בְּכָל לְבָבְךָ

וּבְכָל נַפְשְׁךָ וּבְכָל מְאֹדֶךָ.

LOOK-ALIKE LETTERS: ס ם

Read lines 1-4.

1 סָ סֶ סוּ סֵ סוֹ סְ סֵי סִ

2 נוֹס סֹב נֵס חֲסִי סְבִי כּוֹס נִסִּי

3 הֵם לוֹם סִים יוֹם מַיִם הֵם אֵם

4 כֶּסֶף יַם־סוּף טוֹבִים חֲסָדִים מְסֻבִּין

WORDS INTO PHRASES

Practice reading these phrases.

1 כֻּלָּנוּ מְסֻבִּין

2 אֶפֶס זוּלָתוֹ

3 וּמָנוֹס לִי

4 חֲסָדִים טוֹבִים

5 סוֹמֵךְ נוֹפְלִים

6 סוֹף מַעֲשֶׂה

PASSOVER POWER

Read the last of the Four Questions we ask during the Passover seder.

שֶׁבְּכָל הַלֵּילוֹת אָנוּ אוֹכְלִין
בֵּין יוֹשְׁבִין וּבֵין מְסֻבִּין
הַלַּיְלָה הַזֶּה כֻּלָּנוּ מְסֻבִּין

Holiday Match-Up

Write the number of the holiday word next to its related holiday.

Read each match-up aloud.

1	אֶסְתֵּר	סֻכּוֹת	______
2	סֵדֶר	פּוּרִים	______
3	סֻכָּה	חֲנֻכָּה	______
4	סְבִיבוֹן	פֶּסַח	______

Spin the Dreidel

Say the names of the four letters that appear on the dreidel נ ג ה שׁ.

Now read this phrase.

נֵס גָּדוֹל הָיָה שָׁם

A Great Miracle Happened There

What is the *great miracle?*

Where is *there?*

Ḥanukkah Wordsmith

Connect the word to its English meaning.

נֵס	dreidel
נֵרוֹת	miracle
סְבִיבוֹן	candles

Ḥanukkah Sing-Along

סְבִיבוֹן סֹב סֹב סֹב חֲנֻכָּה הוּא חַג טוֹב.

חֲנֻכָּה הוּא חַג טוֹב. סְבִיבוֹן סֹב סֹב סֹב.

FAMILY LETTERS

A Family Tree

פּ and פ

Read the letter-vowel combinations.

פֵּי פֶּי פֶּ פָּ פֹּ

פַּ פֵּ פּוֹ פִּ פְּ

THE SOUND OF A GIANT

Read these letter-vowel combinations to hear the sound of a giant.

פִּי פָּי פוֹ פָּם

SOUNDS LIKE ENGLISH!

Read these letter-vowel combinations to hear an English word.

1 פֵּיק פֶּן פָּט פֹּן פְּרִי פֶּבֶּל

2 פֵּיל פוּד פִּיל פִּיק פִּית פְּלִיז

WORD WARM-UP

Read each row of words. Then read each row again.

1 כִּפָּה פְּרִי נֶפֶשׁ פֶּסַח

2 הַגָּפֶן פּוּרִים חֻפָּה שׁוֹפָר

3 חֵיפָה יָפוֹ צְפַת יָם סוּף

4 יוֹם כִּפּוּר תְּפִלָּה מִשְׁפָּחָה אֲפִיקוֹמָן

BLESSING BEE

Read the first six words of a blessing.

בָּרוּךְ אַתָּה יְיָ אֱלֹהֵינוּ מֶלֶךְ הָעוֹלָם

Read the blessing endings on lines 1-3.

Then read the first six words of a blessing with each blessing ending.

1 בּוֹרֵא פְּרִי הָעֵץ

2 בּוֹרֵא פְּרִי הַגָּפֶן

3 בּוֹרֵא פְּרִי הָאֲדָמָה

BLESSING CHALLENGE

Which blessing do we recite over wine on Shabbat?

A DOUBLE-DUTY DOT

Sometimes the dot for שׁ and שׂ identifies the letter *and* is the vowel "O".

Practice reading lines 1-3.

Do you recognize the Hebrew name for Moses?

1	קָדֹשׁ	חֹשֶׁךְ	מֹשֶׁה	שָׁלֹשׁ	קְדֹשִׁים
2	חָשֹׂף	שֹׂבֵר	נָשֹׂא	וְשָׂשֹׂן	שֹׂרֵק
3	לִפְרֹשׂ	שֹׂרֵף	יֹשֶׁבֶת	וַיֶּחֱשֹׂף	שְׁלֹשָׁה

PRAYER PRACTICE

Read the prayer we sing as we lift the Torah at the conclusion of the Torah reading. Can you sing the prayer?

וְזֹאת הַתּוֹרָה

אֲשֶׁר שָׂם מֹשֶׁה

לִפְנֵי בְּנֵי יִשְׂרָאֵל

עַל פִּי יְיָ בְּיַד מֹשֶׁה.

READ AND READ AGAIN

Read these prayer phrases.

4	וְנָתַן לָנוּ אֶת תּוֹרָתוֹ	1	עַל שְׁלשָׁה דְבָרִים
5	גְּמִילוּת חֲסָדִים	2	נוֹתֵן הַתּוֹרָה
6	בָּרְכוּ אֶת יְיָ הַמְבֹרָךְ	3	בְּדִבְרֵי תוֹרָה

PRAYER PRACTICE

Read this song. Some congregations sing it during the Torah Service.

עַל שְׁלשָׁה דְבָרִים הָעוֹלָם עוֹמֵד:

עַל הַתּוֹרָה

וְעַל הָעֲבוֹדָה

וְעַל גְּמִילוּת חֲסָדִים.

A TORAH BLESSING

We recite two blessings when we read from the Torah.
Practice reading the first Torah Blessing.

1 בָּרְכוּ אֶת־יְיָ הַמְבֹרָךְ.

2 בָּרוּךְ יְיָ הַמְבֹרָךְ לְעוֹלָם וָעֶד.

3 בָּרוּךְ אַתָּה, יְיָ אֱלֹהֵינוּ, מֶלֶךְ הָעוֹלָם,

4 אֲשֶׁר בָּחַר־בָּנוּ מִכָּל־הָעַמִּים,

5 וְנָתַן־לָנוּ אֶת־תּוֹרָתוֹ.

6 בָּרוּךְ אַתָּה, יְיָ, נוֹתֵן הַתּוֹרָה.

SOUND-ALIKE LETTERS

What is the saying sound of ת, תּ, and ט?

Circle the sound that is different in each line below.

Read the sounds that are the same.

1	(חֵ)	טַ	תָ
2	טוֹ	תֹ	הוֹ
3	תֶ	חֶ	תֶּ
4	טִי	מִי	תִּי
5	טוּ	תֻ	סֻ
6	מֵ	תֵּ	טֵ

LOOK-ALIKE LETTERS: ט מ

Read lines 1-4.

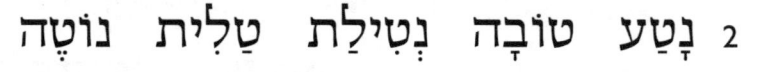

1 מֵ טוֹ טֶ מָ מִי טוּ טַ מֶ

2 נָטַע טוֹבָה נְטִילַת טַלִית נוֹטֶה

3 מִמַעַל מְקַדֵּשׁ וְשָׁמְרוּ מַלְכֵּנוּ אֱמֶת

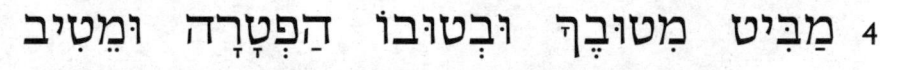

4 מַבִּיט מִטּוּבְךָ וּבְטוּבוֹ הַפְטָרָה וּמֵטִיב

Sing-Along

Sing this song of friendship.

הִנֵּה מַה טּוֹב וּמַה נָּעִים שֶׁבֶת אַחִים גַּם יָחַד.

CALENDAR COUNTDOWN

Read the names of the Hebrew months.

4	3	2	1
טֵבֵת	כִּסְלֵו	חֶשְׁוָן	תִּשְׁרֵי
8	**7**	**6**	**5**
אִיָּר	נִיסָן	אֲדָר	שְׁבָט
12	**11**	**10**	**9**
אֱלוּל	אָב	תַּמּוּז	סִיוָן

A TORAH BLESSING

Practice reading the second Torah Blessing.

1 בָּרוּךְ אַתָּה, יְיָ אֱלֹהֵינוּ, מֶלֶךְ הָעוֹלָם,

2 אֲשֶׁר נָתַן־לָנוּ תּוֹרַת אֱמֶת

3 וְחַיֵּי עוֹלָם נָטַע בְּתוֹכֵנוּ.

4 בָּרוּךְ אַתָּה, יְיָ, נוֹתֵן הַתּוֹרָה.

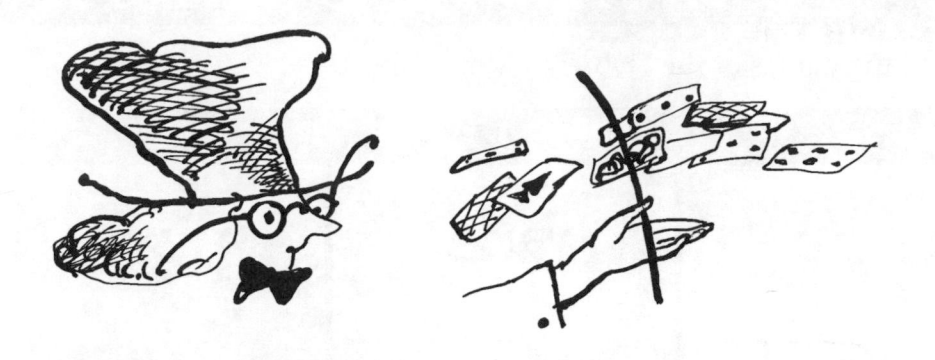

SPECIAL VOWEL ENDINGS

Read these word endings.

אַי אָי אָיו אֶיךָ אוֹי אוּי

RHYTHM READING

Read these words with special vowel endings.

1	חַי	סִינַי	שַׁדַּי	אֱלֹהַי	אֲדֹנָי
2	יָדָיו	פָּנָיו	אֵלָיו	רַגְלָיו	אֱלֹהָיו
3	עֵינֶיךָ	לְבָנֶיךָ	אֱלֹהֶיךָ	רַחֲמֶיךָ	נִסֶּיךָ
4	צִוּוּי	וִדּוּי	עָשׂוּי	גּוֹי	אֲבוֹי

VOCABULARY REVIEW

Connect the word to its English meaning.

Mount Sinai	חַי
God	הַר סִינַי
live	אֲדֹנָי

CLIMB THE LADDER

Count Hebrew numbers 1-10 to climb the ladder.

עֶשֶׂר	10
תֵּשַׁע	9
שְׁמוֹנֶה	8
שֶׁבַע	7
שֵׁשׁ	6
חָמֵשׁ	5
אַרְבַּע	4
שָׁלֹשׁ	3
שְׁתַּיִם	2
אַחַת	1

A PRAYER FOR PEACE

Read this prayer for peace. Do you know how to sing it?

עֹשֶׂה שָׁלוֹם בִּמְרוֹמָיו

הוּא יַעֲשֶׂה שָׁלוֹם עָלֵינוּ

וְעַל כָּל יִשְׂרָאֵל

וְאִמְרוּ אָמֵן.

27

SOUND-ALIKE LETTERS

What is the saying sound of ב and ו?

Circle the sound that is different in each line below.

Read the sounds that are the same.

1	וּ	בוּ	בּוּ [circled]
2	וָ	בַ	זָ
3	בָּי	וַי	בַי
4	בוֹ	כוֹ	וו
5	רָיו	וָיו	בָיו
6	זֵ	וֵ	בֵ

READING PRACTICE

Stretch Across — Stretch Down

Read lines 1-3. Read columns A-D.

	A	B	C	D
1	בַּדֶּרֶךְ	לְבָנֶיךָ	לְבָבְךָ	אַבְרָהָם
2	מִצְוָה	וַאֲנַחְנוּ	לְדוֹר וָדוֹר	מְצַוְּךָ
3	לְבָבֶךָ	דְבָרָיו	וְאָהַבְתָּ	בְּבֵיתֶךָ

PRAYER PRACTICE

Read the prayer sentence.

וְהָיוּ הַדְּבָרִים הָאֵלֶּה
אֲשֶׁר אָנֹכִי מְצַוְּךָ
הַיּוֹם עַל לְבָבֶךָ.

LOOK-ALIKE LETTERS: ע צ

Read lines 1-3.

1 עֲ עוֹ עִי עֶ עוּ עֵי עָ עוֹי

2 צ צֶי צוּ צַי צִ צַ צֶ צְ

3 צִי צוּ עוֹ צֵי עֶ עֵי צָיו עְ

TONGUE TWISTERS

Be careful not to twist your tongue as you read lines 1 and 2.

1 עַצִי צוֹצָ עֶצֶ צוּעוּ עֶעֶ

2 צַעִי עֶצֵ צוּצוּ עַצָ צַעֹ

WORD WATCH

Read each word.

Watch for ע. Watch for צ.

1	צִיצִית	4	מַצָּה	7	מִצְוָה
2	עִבְרִית	5	עֶרֶב	8	עֲבוֹדָה
3	צְדָקָה	6	הַמּוֹצִיא	9	הָעֵץ

VOCABULARY REVIEW

Look at the words in the Word Watch exercise above.

Write the Hebrew word for:

justice ______________________

a food we eat at Passover ______________________

the name of the blessing over bread ______________________

LETTER-VOWEL "VO"

Read these letter-vowel combinations.

טוֹ קוֹ בוֹ צוֹ לוֹ חוֹ עוֹ

צֹ פֹ רֹ וֹ מֹ עֹ וֹ

עָוֹ עֲוֹ צְוֹ

READING PRACTICE

Read each word-part. Read the complete word.

1	מִצְ	וֹת	מִצְוֹת
2	עֲ	וֹנָה	עֲוֹנָה
3	בְּמִצְ	וֹתָיו	בְּמִצְוֹתָיו
4	עָ	וֹן	עָוֹן
5	מִצְ	וֹתַי	מִצְוֹתַי
6	עֲ	וֹנִי	עֲוֹנִי

BLESSING BEE

Read the first ten words of a blessing of mitzvah.

בָּרוּךְ אַתָּה יְיָ אֱלֹהֵינוּ מֶלֶךְ הָעוֹלָם

אֲשֶׁר קִדְּשָׁנוּ בְּמִצְוֹתָיו וְצִוָּנוּ

Read the blessing endings on lines 1-5.

Then read the first ten words with each blessing ending.

1 לַעֲסוֹק בְּדִבְרֵי תוֹרָה

2 לִקְבֹּעַ מְזוּזָה

3 עַל אֲכִילַת מַצָּה

4 לִשְׁמוֹעַ קוֹל שׁוֹפָר

5 לְהִתְעַטֵּף בַּצִּיצִת

SHABBAT BLESSINGS

Recite the blessing over the Shabbat candles.

בָּרוּךְ אַתָּה, יְיָ אֱלֹהֵינוּ, מֶלֶךְ הָעוֹלָם,
אֲשֶׁר קִדְּשָׁנוּ בְּמִצְוֹתָיו וְצִוָּנוּ
לְהַדְלִיק נֵר שֶׁל שַׁבָּת.

Recite the blessing over the wine.

בָּרוּךְ אַתָּה, יְיָ אֱלֹהֵינוּ, מֶלֶךְ הָעוֹלָם,
בּוֹרֵא פְּרִי הַגָּפֶן.

Recite the blessing over the ḥallah.

בָּרוּךְ אַתָּה, יְיָ אֱלֹהֵינוּ, מֶלֶךְ הָעוֹלָם,
הַמּוֹצִיא לֶחֶם מִן הָאָרֶץ.

אָלֶף בֵּית REVIEW

Read the name and sound of each letter in the Hebrew אָלֶף בֵּית aloud.
Then add a letter in אָלֶף בֵּית order to each word below.
Read all the completed words aloud. How many words do you recognize?

א בּ ב ג ד ה ו ז ח ט י כּ כ ךְ ל מ ם

נ ן ס ע פּ פ ף צ ץ ק ר שׁ שׂ תּ ת

1 אֱמֶת	2 שַׁבָּת	3 הַ_ְדָלָה	4 מָ_ֵן דָוִד
5 קִ_וּשׁ	6 _ַגָדָה	7 מִצְ_ָה	8 מְ_וּ_ָה
9 _ַלָה	10 _ַלִית	11 עֲלִ_ָה	12 _ִפָּה
13 בְּרָ_ָה	14 בָּרוּ_	15 _ְחַיִּים	16 _ֶלֶךְ
17 אָדָ_	18 _ָבִיא	19 מִנְיָ_	20 חֶ_ֶד
21 שְׁמַ_	22 _ֶסַח	23 שׁוֹ_ָר	24 אָלֶ_ בֵּית
25 מָ_ָה	26 חָמֵ_	27 צְדָ_ָה	28 תּוֹ_ָה
29 _ָלוֹם	30 יִ_ְרָאֵל	31 הַ_ִקְוָה	32 בַּ_ מִצְוָה